LA TRAMA DE LOS DÍAS

Ramón Bascuñana

LA TRAMA
DE LOS DÍAS

RENACIMIENTO
X PREMIO DE POESÍA
JUANA CASTRO

X PREMIO DE POESÍA JUANA CASTRO

Ayuntamiento de Villanueva de Córdoba

Un jurado compuesto por Juana Castro, Alejandro López Andrada,
Antonio Luis Ginés, Christina Linares, Francisco Onieva y Eulalia María Cepas,
concedió el X Premio de Poesía Juana Castro a la obra
La trama de los días *de RAMÓN BASCUÑANA*

www.editorialrenacimiento.com

POLÍGONO NAVE EXPO, 17 • 41907 VALENCINA DE LA CONCEPCIÓN (SEVILLA)
tel.: (+34) 955998232 • editorial@editorialrenacimiento.com

Diseño de cubierta: Equipo Renacimiento

DEPÓSITO LEGAL: SE 918-2024 • ISBN: 978-84-10148-37-6
Impreso en España • Printed in Spain

A los ausentes
Leonor Bascuñana Bernabéu (1937-2021)
Manuel Moya Illán (1933-2023)

A los que todavía son
José Vicente, Enriqueta y Francisco

«Siempre, después de un viaje,
una mirada terca se aferra a lo que busca,
y es un hueco sombrío, una luz pavorosa,
tan solo lo que tocan los ojos del que vuelve.
Fidelidad, afán inútil.
¿Quién tuvo la arrogancia de intentarte?
Nadie ha sido capaz
—ni aún los que han muerto—
de destejer la trama
de los días».

ÁNGEL GONZÁLEZ

LA TRAMA DE LOS DÍAS

Un viaje a parte alguna o a ninguna parte,
el ver cómo envejecen nuestros padres,
cómo pasos y gestos, palabras y recuerdos,
se vuelven dolorosamente lentos
y cómo van creciendo nuestros hijos
y se van derrumbando nuestros sueños;
un intentar recuperar la infancia
entre los viejos cómics que guardamos
en una estantería del pasado,
el precio que se paga por seguir adelante,
las pequeñas traiciones que siempre son aquellas
que luego más nos duelen y dejan una herida
abierta en la memoria que jamás cicatriza,
los libros que leemos y aquellos que pensamos
que podríamos, mas no lo hicimos,
por pudor o desidia o por falta de tiempo,
los versos que escribimos a modo de plegaria
para espantar el miedo a lo desconocido,
y las noches en blanco de nuestra adolescencia,
y los cuerpos que solo fueron nuestros
soñándolos después de haberlos poseído

y que ya forman parte de las ruinas
junto a nuestros errores, nuestros pasos en falso,
nuestras claudicaciones y esos breves instantes
de plenitud y dicha y esperanza
que también son ceniza tras el fuego,
y que conforman al confuso tapiz
que llamamos la trama de la vida.

I. INTERIOR CON FIGURAS

NEFERTITI EN EL MUSEO EGIPCIO DE BERLÍN

Las salas del museo atestadas
de turistas ociosos y de gente
perdida en el pasado.
                    Estatuas
de granito, relieves de algún templo
del Bajo Egipto, papiros del Libro
de los Muertos, la figura sedente
de Kertihotep, vasijas de barro,
anillos de oro y, entre tanto lujo,
rescatado al olvido de los siglos,
el busto de la reina Nefertiti
con la misma elegante belleza
de las fotografías de los libros
de historia de aquella infancia mía
que recupero ahora en piedra viva,
pasada ya la mitad de mi vida,
en un museo repleto de gente
que hace que me sienta como entonces:
el héroe solitario de un enigma.

RETRATO APENAS ESBOZADO DE ZENOBIA
EN PUERTO RICO HACIA 1955

Mañana silenciosa en un barrio tranquilo.
Ella se asoma al porche del chalet a la sombra
de un incendio de flores
—las lujosas flores del flamboyán—.

Después de un rato vuelve a la penumbra fresca,
grata y limpia, de su hogar antillano.
Los cuadros y los libros la protegen.
Puede que mucho más que los recuerdos.
Hay un orden sereno en su vida,
un mirar con distancia lo vivido
ahora que presiente el final de la dicha.
Esboza una sonrisa de madre protectora
al ver aparecer a su marido
—la figura encorvada, magra, la barba blanca,
abatida la frente, los ojos tristes—.
Se pregunta qué será de él cuando ella falte
y recuerda aquel lejano día
en que se conocieron.
Está segura de una sola cosa:
el poeta se enamoró de su risa clara.
Esta es la única certeza que posee.

Todo se agolpa bajo la levedad
de una memoria herida.
Rememora su boda neoyorquina
y tantos momentos de felicidad
pasajera, sacrificio y dolor,
que parece que no hubiera pasado,
misericordioso y feroz, el tiempo.
Pero el tiempo ha pasado, se lo dice el espejo
al reflejar, como un eco lejano,
el cansancio de sus ojos azules
y la rubia ceniza del cabello
con sus primeras canas.
Presiente que pronto todo habrá concluido,
pero mientras tanto, mientras la hora
funesta del olvido llega, ella sonríe
desde la fortaleza de sus sueños,
confiada en el tiempo que le queda.

DÍPTICO DE SAN PETERSBURGO

I. Nina Ivanova Petrovskaia

Nunca escribió ni un solo poema,
pero siempre soñó, como los simbolistas,
con transformar la realidad en arte.

¿Para qué malgastar —solía decirse—
ese precioso tiempo,
           acaso también breve,
que nos ha sido concedido como un regalo
en escribir versos que justifiquen la vida?
¿Por qué malgastar la vida en la literatura?
¿No existen otros juegos
—la pasión, el odio, el vicio y la locura—
que nos queman más intensamente
hasta reducir nuestros sueños a cenizas?

Tal vez por eso, rigurosamente vestida
de amoroso luto, al caer el sol
entró en el Museo Politécnico
donde se celebraba la reunión de poetas,
empuñando una cruz, un rosario y la pistola
con la que disparó a su amante.

Falló el tiro, pero lavó la ofensa
y Andrei Biela pudo continuar viviendo
mientras ella, convertida en un ángel de fuego
por Valei Briusov
se entregó a la morfina y al olvido.

Luego, el exilio sin fin y sin principio
y un suicidio en París para cerrar la historia
de una vida improbable como el arte.

II. ANDREI BIELY

SAN Petersburgo, mil novecientos diez.
Andrei Biely, con paso ligero,
cruza la noche de la primavera.
La neblina lo envuelve en su misterio.

Avenida Izmailovski, se detiene un momento
ante la puerta de un salón de baile.
Duda si entrar o regresar al sueño
que son las pesadillas.
                              Traspasada la puerta,
un esplendor de rojos y dorados
y de chicas de moral más que dudosa
compensada por una vida alegre.

Tras la segunda copa, el escritor se olvida
del miedo y del dolor, de sus demonios
y del cruel desprecio de la bella dama.
Ya no le importa dónde
ni con quién esté Liubov Dmitrovna.
Tampoco se pregunta
por qué, tras cortejarla largamente,
cuando por fin se le ofreció en bandeja
optó por rechazarla.
Absurdas son las leyes del deseo.

Solo al alba, cuando cansado y solo
regrese, envuelto en la neblina, hacia su casa,
su último refugio en la isla de Vasilovski,
pensará que aún la ama desesperadamente.

Pero el alba le parece lejana
y, protegido por el negro antifaz
de la frustración y la indiferencia,
baila un tango de moda
con la pérfida dama de sus sueños
mientras brilla en sus ojos la lujuria
y se dice que una mentira ayuda
a soportar la vida.

Pasarán muchos años –puede que medio siglo–
hasta que los efectos de una insolación

pongan fin a la vida del poeta
que imaginó su muerte en estos versos:
Le han matado las flechas del sol.
Con el pensamiento midió los siglos
pero no supo vivir la vida…

EN LA MUERTE DE JULIO AUMENTE

Forjó la melodía de su canto
en la sublimación de la belleza,
en el anhelo azul de la pureza
de un cuerpo adolescente con encanto.
No dejó traslucir nunca su llanto,
pues sostenía la clara certeza
de que el amor anida en la pereza
de los cuerpos paganos siendo santo.
Se deslizó feliz —sin otro anhelo
que gozar en la tierra de su cielo—
por la pendiente oscura de la vida
sin dar una batalla por perdida.
Se deslizó feliz por la pendiente
un mes de Julio de apellido Aumente.

DE UN ARTÍCULO DE LUIS ANTONIO DE VILLENA SOBRE PABLO GARCÍA BAENA

«Amor, patria, poesía,
bártulos de desván, arrinconados».

PABLO GARCÍA BAENA

HABLA de su senectud
—ya tiene más de ochenta y cinco años—
y alaba su sobriedad.

Alude a que es educadamente sobrio:
un asceta carnal que pasa breves
temporadas —sobre todo en verano—
entre los muros de algún monasterio.

Deja sentado que se trata de un esteta
humilde y tolerante
que adora la belleza masculina,
la perfección del cuerpo y de la seda,
y no ambiciona otra cosa en la vida
que alcanzar la claridad y el misterio
de la palabra escrita y repujada
en la plata bruñida de los versos.

Derrama sobre su vida y su obra
merecidos elogios

y un sinfín de adjetivos: luminosa,
y joyante, honda, refulgente, suntuaria,
excelsa y lujuriosa y preciosista.
Pero, principalmente, verdadera.
¿Puede existir acaso poesía sin verdad?
Y es esa verdad la que perdura
debajo de la dorada luz de los laureles.
La verdad de la rosa del poema
y como nos propone en unos versos:
… aspira en esa rosa melancólica y pura
todo el bosque que arde prendido en la memoria
con sus rojas maderas incendiando los días.

DESDE UNA BUHARDILLA DE PARÍS
CIORAN MEDITA

> «No se habita un país, se habita una lengua.
> Una patria es eso y nada más».
>
> E. M. CIORAN

¡Qué lejos Rasinari
y la melancolía de mi madre!

Sí, qué lejos de la melancolía,
virtud en la mujeres y pecado en los hombres.
Qué lejos, pues no es melancolía lo que siento
sino este sufrimiento que me mantiene activo
haciendo apenas nada
más que leer, leer a cualquier hora,
no para comprender a los demás
—vano intento sin duda—
sino para intentar comprenderme a mí mismo
y utilizar la razón
mientras estoy a tiempo.

No habito esta buhardilla
ni habito esta ciudad ni este país apátrida.
Uno habita una lengua
y la lengua es la patria de los desesperados.
Ni soy un refugiado ni un desertor del mundo.

Tan solo soy un hombre que medita,
un hombre insatisfecho;
un hombre, el camino
más corto entre la vida y la muerte;
un hombre cuya existencia parece
soportable pero que, sin embargo,
busca su libertad en el fracaso;
un hombre solitario
que piensa mucho en dios para no suicidarse,
pero que sabe bien que la vida y él
son líneas paralelas cuyo punto de encuentro
no es el infinito sino que es la muerte.

Eso se aprende pronto.
Como se aprende pronto que la infelicidad
es el estado poético por excelencia
y que por tanto soy un poeta
no por el fúnebre narcisismo de mi obra
sino por todos los versos que nunca escribiré.

II. LUGARES DE PASO

«La poesía cansa como cansa la gente,
la poesía aburre como aburre la vida,
la poesía agota como agota la vida,
la poesía es solo un lugar de paso».

J. Fernández de la Sota

«Hay mil puertas abiertas y nin-
gún sitio donde ir».

Benjamín Prado

PREPARATIVOS DE VIAJE

La ciudad es un mapa desplegado en la mesa.
Con el dedo recorres el nombre de las calles,
avenidas y plazas: Gendarmenmarkt, Unter
den Linden, Heinrich-Heine-Strasse, Kurfürstendamm.
Son nombres que en sí mismos encierran un enigma.
Un enigma que guarda relación con su nombre.
Nosotros también somos como nombres marcados
en el mapa del sueño de un dios desconocido.

RAZONES PARA HUIR
DE UNA CIUDAD CON FRÍO

No hace falta que sean razones evidentes.
Que la nieve no tenga la blancura esperada
o que la escarcha muerda los pies de las estatuas
y en los bancos del parque se mueran los mendigos.

No hace falta que el viento como un cuchillo helado
nos desgarre los sueños. Tampoco que la lluvia,
monótona, repita el eco de la angustia
y no se encuentren bares abiertos hasta el alba
para beber a sorbos la pena lentamente.

No hacen faltas razones para escapar del frío
cuando el frío se instala como un presentimiento
en la ciudad que habitas desde ya no te acuerdas
y cerca sin reparos la posición que ocupas
en esta frontera de frágiles palabras.

Ni la nieve ni el frío ni la escarcha ni el viento.
Cualquier excusa sirve para escapar a tiempo
sabiendo que la muerte va siguiendo tus pasos.

EL VIAJE

¿Cuál es el tema que subyace detrás del tema?
Cuando hablamos del viaje, ¿hablamos de lo obvio,
de viajar a ciudades y recorrer distancias,
o hablamos de la vida, de un viaje que se inicia
sin ganas ni conciencia y que, lo más seguro,
acabe sin aviso, de una manera abrupta?
¿Qué importa que la vida no sea trascendente?
¿Qué importa que la vida no sea más que un viaje
desde un vientre fecundo a la profunda fosa?
No te agobies pensando si tiene algún sentido.
Intentar encontrarlo —caso que lo tuviera—
conduce al desaliento y a la melancolía.
Es mejor que adoptemos la pose del viajero
libre y despreocupado. Será más provechoso.
Aceptemos que somos como granos de arena
a voluntad del viento. Y mientras dure el viaje
disfruta cuanto puedas, aprovecha el momento,
no vaya a ser que luego tengas que arrepentirte
y ya no quede tiempo para enmendar errores.
Uno no vuelve nunca a donde nunca estuvo.

VIAJE A MORÓN DE LA FRONTERA CON MOTIVO DE UNAS JORNADAS POÉTICAS

La extraña sensación de estar en casa
con amigos que hablan de poesía.
El cielo más azul que en parte alguna
y en las torres más alta las cigüeñas.
Las voces cadenciosas de poetas
ya muertos, recitando sus versos
en viejas grabaciones. La lectura
de mis propios versos ante un parco
auditorio de fieles de esta secta.
Alguna mirada prometedora
y algunas preguntas sobre el hecho
de escribir poesía en los tiempos
que corren. Copas, felicitaciones,
y más tarde, el regreso, resonando
en la luz de la memoria los versos
de un poema de García Ulecia:
la patria aquella flota todavía
en la memoria anclada como un barco
y allí regresa el que allí venía,
lentos los ojos y el reloj parado.

TERRITORIO COMANCHE

No me atrevo a cruzar esta frontera
que separa la vida de los sueños.
No quiero dar el paso y adentrarme
en un lugar donde nadie me llama.
Prefiero ser prudente y cauteloso,
permanecer del lado de la vida
por más que esta sea un artificio
igual de complicado que un poema.
No quiero complicarme la existencia
con preguntas que no tienen respuesta,
ni quiero malgastar otro minuto
intentando explicar lo inexplicable.
Son buenas intenciones, propósitos
de enmienda que incumplo cada día,
pues una extraña fuerza, un impulso
suicida me empuja hasta la línea
que separa los sueños de la vida.
Y a pesar de mis miedos y temores,
cada día asumo la derrota
y cruzo la frontera de la culpa.
Territorio comanche es la poesía.

ALEJANDRÍA

«Las oscuras ruinas de mi vida».

K. KAVAFIS

En todos sus poemas aparece
como la ensoñación de una utopía
o como ese fantasma que pasea
por los viejos salones de un castillo
asustando a los nuevos moradores.
Es la ciudad secreta de su alma
con ruidosos cafés y veladores
donde se apoyan hombres solitarios
que ven pasar los días del pasado
como quien mira velas que se apagan.
La ciudad de los días monótonos
y las noches febriles entre cuerpos
de mórbida belleza fugitiva,
poseídos en pensiones baratas,
que daban sobre calles sin salida
y estrechos callejones miserables.
La ciudad del fracaso y la rutina
donde no fue feliz y quiso serlo.
Ella fue su prisión y su palacio
y cuando te detienes en sus versos
es como rescatar la luz de entonces
y las oscuras ruinas de su vida.

TRIESTE

Llego a Trieste con los versos de Rilke
resonando de nuevo en la memoria
de aquel adolescente que yo era:
Los amantes podrían, si entendieran esto,
hablar extrañamente…
Pero tú ya no estás y no podemos
contemplar nuevamente la bahía.

He llegado en un tren desde Venecia
para recuperar un imposible;
un engaño de calles luminosas
y versos compartidos: en ningún
lugar, amada, habrá mundo si no es dentro.

En ningún lugar salvo en el interior
de nosotros mismos, voy repitiendo
como el eco vacío de mis pasos
sobre los adoquines de la cuesta
que conduce a san Giusto.
                                            Como el ojo
de Dios me observa el rosetón.
Pero tú ya no estás para contarte

que Stendhal se paseó por estas calles
y Magris iba mucho por el café san Marcos
o que aquí vivió doce años o más
James Joyce, trabajando como profesor de inglés
y escribiendo fragmentos del Ulises.
Una ciudad de náufragos parece.

Pero tú ya no estás para salvarme
y se hace tarde debajo de las farolas
de la Piazza de l'Unità d'Italia
y tomo el autobús cuarenta y cuatro
que lleva hasta el castillo del recuerdo
y en el jardín el tiempo retrocede
y pienso, como Rilke, que lo bello
no es más que el principio de lo terrible.

MUERTE EN VENECIA

GLOSAR en cierto modo
el poema de Guillermo Carnero
sobre Detlev Spinell,
la sangre de la noche,
las sombrillas de seda
y las palomas grises.

Y por qué no, también,
la fúnebre elegancia
de la breve novela de Thomas Mann
sobre el devastador efecto de la belleza,
sobre el paso del tiempo
y el deseo que no se apaga nunca.
Resbala lentamente,
o quizá se desliza,
por canales de niebla y desencanto
la góndola secreta
que cruza cada noche la mítica laguna.
Deja una estela fría, afilada,
como el corte moral de la guadaña
que maneja la muerte.

Desde el balcón abierto de un antiguo palacio,
un cuarteto de cuerda
interpreta una obra de Schubert.

Atento en una esquina
hay un león de piedra,
cancerbero silente
vigilando las puerta del ocaso.
Al borde de la plaza,
entre la transparencia de mármoles furtivos,
contemplando su imagen reflejada
en el oscuro espejo de las pútridas aguas,
un viajero distante
aguarda al gondolero.
En su mano refulge el óbolo acordado.

LISBON REVISITED, ÁLVARO CAMPOS

«¡Oh amargura revisitada, Lis-
boa de antaño y de hoy!».

ÁLVARO CAMPOS

Aquí la sombra esquiva del pasado.

¿Quién se engaña sino quien finge con esmerado
empecinamiento, amargura y tristeza
y pasea por calles
azules bajo el cielo de la infancia?

El Tajo cruza esta verdad siniestra.

Hay una luz caliza
que presumo certeza desgarrada.
Se doblega la luz al mediodía.
Me siento en un café morosamente
y comienza a llover en la memoria.

Entre la lluvia y el humo contemplo
una ciudad invisible
construida en mis versos:
tiendas, aceras, coches que pasan.

Lo posible imposible
se concreta en la febril mirada del hombre
nacido para soñar con conquistar el mundo
pero que sabe que no podrá
lograr aquello que ha soñado.

El fracaso nos dota
de la avidez necesaria para sentirnos
vivos al encender un cigarrillo
y escribir unos versos más reales
que esta vida que llevo
en la ciudad que intento cada día
borrar entre las sombras de mis versos
para seguir viviendo cada día.

RETORNO A CITEREA

«En griego, muerte es nombre masculino».

ENRIQUE BADOSA

En unos versos de Enrique Badosa
encuentro el sol de Grecia
y una luz que corroe cariátides antiguas
y versos olvidados.

Volver es alejarse
del lugar al que estamos destinados.
Releer un poema
que nos mostró su alma
es renunciar al sueño del pasado.

Cruzo entre los olivos y las ruinas,
atravieso el azul de un mar que quema
ese tono moral que otorga la nostalgia.

Volver es alejarse, me repito.
Hay una luz distinta para distintas Grecias
y cada nombre evoca
un misterio y un mito diferente:
Rodas, Patmos, Samos, Lesbos, Corinto,
Cnossos, Creta, Naxos, Delos, Mykonos,

Santorini, Citerea.
Es hermoso el amor en Epidauro,
esa febril certeza del instante.

Todo hombre regresa
al niño de una infancia que se aleja.
Es efímero el eterno regreso.
Casas blancas, viñedos y tristeza.
¿Por qué siendo la vida tan sencilla
la complicamos tanto?
Dejo atrás los caminos y el eco de mis pasos.

Quedarme aquí, bajo la luz azul de Samos
que inaugura la tarde,
es como perdura en el olvido.
Malos augurios para el sedentario:
solo encuentra belleza
aquel que no la busca;
solo regresa aquel que no se marcha
y en griego, muerte es nombre masculino.

CARRETERAS SECUNDARIAS

Yo no elegí llegar a parte alguna.
Nunca quise moverme del poema,
escapar de mí mismo o recorrer
paisajes desolados. Nunca quise
viajar a otra ciudad ni ser distinto
del hombre que se sienta en esta mesa
y escribe este poema solitario.
Yo no elegí mi estirpe ni mi raza.
Ni elegí mi pecado y mi condena.
Sin embargo, los hechos son los hechos
y no sé renunciar a mi destino.
Vagabundo de un mundo de fantasmas
de tinta y de papel y de nostalgia,
recorro este desierto que es la vida
cruzando carreteras secundarias.

III. PAISAJE CON FIGURAS

EL PUENTE

«Hoy como cada día he de cru-
zar el puente».

José Luis García Martín

«A punto de cruzar
ese puente del medio del camino».

Aurora Luque

Escapando de la ciudad en llamas
–símbolo de un ayer que ya no vuelve–
has llegado a la mitad del viaje,
a ese puente del medio del camino
que marca una frontera sin retorno.
Empiezas a cruzarlo lentamente.
Estás cruzando el puente que separa
las dos mitades que han de ser tu vida.
No es un puente consistente ni robusto.
Se compone de dudas razonables
y temores que nunca hemos vencido;
mas hemos de cruzarlo si queremos
vivir el resto de lo que nos queda.
Miras atrás para ver qué has dejado
en los bordes oscuros del camino,
qué has perdido al tiempo que avanzabas:
la inocencia, la infancia, los amigos,

algunas ilusiones, mil proyectos,
cosas sin importancia, bagatelas
que al final son lo único importante.
Pero en este momento, mientras cruzas
el puente que separa del pasado
el futuro, sientes cómo la angustia
pesa como un castigo y que bajo
su peso este puente de invencibles
temores y dudas razonables
podría derrumbarse sin esfuerzo.
Pero tú ya sabías que era un riesgo
que había que asumir y así lo has hecho.
Si logras alcanzar el otro lado
podrás cantar victoria. De momento
no mires más atrás, por si las moscas,
que siempre arde Sodoma a nuestra espalda
y resulta difícil resistirse
al brillo portentoso de sus llamas
y vivir con la vista en el pasado.

EL EXTRANJERO

Estar siempre de paso, atravesando vidas,
ciudades y secretos. Hospedarme en hoteles,
comer en cualquier parte y visitar museos,
donde compro postales que me envío a mí mismo
a una casa vacía, donde no habita nadie.
Buscarle algún sentido a esta nada perpetua.
Saber que no hay descanso, que por mucho que huya
ella me está esperando donde menos la espero.
Disfrutar del instante, de cada breve tregua.
Sentirme un extranjero en todos los lugares.
Viajar como quien dice, ligero de equipaje,
porque la muerte viene pisándome los pasos.

EL VAGABUNDO

He sido vagabundo durante tanto tiempo
que si vuelvo la vista y contemplo las huellas
que han dejado mis pasos, perdiéndose a lo lejos,
me sería imposible saber en qué momento
se inició mi camino hacia ninguna parte.
He viajado sin rumbo en trenes sin destino.
He recorrido sendas que solo yo conozco.
He dormido en pensiones y en hoteles baratos.
Incluso en estaciones que no cierran de noche
y en la arena caliente de playas en verano.
He pasado penurias, hambre, calamidades,
la soledad de ser un hombre a la intemperie,
un soñador tranquilo en pos de una utopía,
el último vencido de una guerra perdida
y el primer condenado de la cruel victoria
–pírrica si la quieren, pero victoria al cabo–
que supone la gesta de acabar el poema
y comprender entonces que no gana quien gana
sino el que apuesta todo y gana algunas veces.

EL EREMITA

YA ves cómo se paga la soberbia
de haber querido ser un eremita
retirado en la paz de estas estancias,
ajeno a los desmanes de la vida
y a la torpe injusticia de este mundo.
No me digas ahora que buscabas
dialogar a solas con tu alma
y así poder escribir los poemas
más hondos y más puros nunca escritos.
La pureza no existe, tú lo sabes.
Como sabes que solo los poetas
que afrontan la corriente de la vida
luchando contra todo y contra todos
hasta entregar su alma en el empeño
logran a veces escribir un verso
—un solo verso, pero al menos uno—
que sea memorable y que merezca
la pena que la gente lo recuerde.
Acepta mi consejo, si lo quieres,
y vuelve a ser un hombre entre los hombres.
Puede que así consigas escribir

ese verso que merezca la pena
y salve tu recuerdo en el futuro.

TED HUGHES ENTRE SILVYA PLATH
Y ASSIA WEVILL

«That moment the dreamer in me
Fell in love with her, and I knew it».

TED HUGHES

SUPONGO que las amó a las dos por igual,
pero no podía evitar ser como era;
ángel y diablo al mismo tiempo.
Dualidad que entra
dentro de la naturaleza humana,
pues nadie es perfecto.

Puede ser que asumiera
una parte de su culpa
o que no figurase
la culpa entre sus prerrogativas
como hombre y poeta.

Posiblemente tanto las amó
que llegó a odiarlas
y a necesitarlas tanto como ellas a él.

Nunca el amor, que reparte las cartas,
es justo con todos los jugadores.
Ellas jugaron con lo que tenían,

apostándolo todo en la jugada.
No iban de farol, iban de veras,
y perdieron la vida en el empeño.

Sylvia dejó leche y galletas para los niños.
Assia no soportó el dolor de los recuerdos
ni el ejemplo de Sylvia.
Se limitó a imitarla.
Assia no tuvo piedad
ni siquiera de la pequeña Shura;
el fruto de aquel amor luminoso y terrible.
Colocó una cama en la cocina,
acostó a la niña
y se tumbó en la cama junto a ella
después de abrir el gas.
Dejó dos cartas y unos cuantos versos.

Él vivió muchos años todavía,
les dedicó poemas
y en las fotografías su rostro no refleja
signos de abatimiento.

Nadie puede culparle por ser un gran poeta
ni de las decisiones de aquellas dos mujeres
que le amaron tanto;
sin embargo, sus versos lo desmienten:
En aquel momento el soñador de mí
se enamoró de ella, y yo me di cuenta.

BUENOS AIRES A PRINCIPIOS DE LOS AÑOS OCHENTA DEL SIGLO PASADO

BRILLA alta la luna del espejo
donde se mira un cielo sin estrellas.
Un presunto suicida se dedica
a borrar tercamente su pasado.
Es la noche secreta del ruiseñor
y la rosa roja del laberinto.
Alguien sueña con ser otro y ser él mismo
y guarda en su casa talismanes
contra la muerte que nunca se nombra.
En un poema suyo, el coronel
Suárez mira su pueblo y la llanura,
un perro se desliza por la acera
y todo se reviste de nostalgia.
Hay un intruso cruel en el jardín
donde se desvanecen las estatuas.
El ciego imperturbable de esta historia
imagina la nieve silenciosa
y la memoria cóncava de Islandia.
También sueña la lluvia de una isla
en la mirada triste de John Milton,
el infierno secreto de un desierto

en las manchas de un tigre de Bengala
y en cada verso de cada poema
lanza al aire del azar la moneda
prestada por el dios del talento
y enumera los dones del misterio.
Entre un espejo y un reloj de arena,
el viejo intuye lo fugaz del tiempo,
que en el fondo del sueño están los sueños,
y la vida es un río que nos lleva
mientras la torpe mano del escriba
sigue trazando versos memorables
en la tenue penumbra del olvido.
Es siempre negra noche la vida
para quien la concibe y la celebra
desde la oscuridad de una caverna
y como un lento mantra interminable
enumera reliquias en sus versos:
una espada que guerreó en el desierto,
una llave que ha perdido su puerta,
las vísceras, la nuca, el esqueleto,
la glorieta, las frívolas estatuas,
ángeles, bibliotecas, laberintos,
la letra inmensa en el papel secante,
palabras, únicamente palabras,
la verdad de un universo
que se crea con solo pronunciarlas,
con tan solo escribirlas en un verso,

como esta luna alta del espejo
donde se mira un cielo sin estrellas.

VACACIONES

«Para todos está echada
La suerte y despúes la nada.
Y en la nada no hay después».

Francisco Castaño

Un mes de vacaciones por delante.
Mil posibilidades de mentirte
e infinitas formas de rutina:
tumbarte en la indolencia de una playa
mientras niños perversos,
abrumados aún por la inocencia,
construyen junto al agua
los castillos de arena del futuro;

recuperar lecturas atrasadas
—aunque, cada vez más,
no puedes escapar de la sospecha
de que pierdes el tiempo
y que todo es naufragio en esta vida—,

pasear por la ciudad sin otro rumbo
que el capricho de tu libre albedrío;

o comprarte un billete de ida y vuelta
al país que prefieras,

y sabiendo que viajarán contigo
la razón por la cual quieres marcharte
y las mismas preguntas sin respuesta.

¿De qué sirve viajar cuando se viaja
arrastrando la culpa de ser hombre?

¿No sería más fácil
esperar que el destino nos alcance?

Mientras tomas conciencia del asunto,
convéncete que tienes
un mes de vacaciones por delante:
treinta días completos con su nada.

ANTE LA TUMBA DE KEATS EN ROMA

«Aquí yace alguien
cuyo nombre fue escrito en el agua».

JOHN KEATS

CEMENTERIO protestante de Roma.
Los cipreses elevan su plegaria,
mineral y serena, por raíces
de un cielo atormentada.

                    Hay palmeras
y pinos y naranjos silenciosos,
cuyos frutos dorados resplandecen.

Busco la tumba de Keats. Una tumba
sin nombre ni apellidos en un lugar
repleto de apellidos extranjeros:
hebreos, escandinavos, ingleses.
Extraña suerte la del elegido
para morir en plena juventud
y en Roma. Extraña suerte la suya,
yacer aquí rodeado de poetas
que alguna vez amaron su poesía
–Gregory Corso, Shelley– y de gatos,
esos gatos victoriosos de Alberti,
que merodean entre los pedestales
y las ruinas.

Tal vez, si fuera invierno
y cubrieran las tumbas margaritas
y violetas, sentiría lo mismo
que sintió Shelley: que aquí podría
uno enamorarse de la muerte.
Localizo la tumba. Una lira
sin mitad de las cuerdas adorna
la lápida. Detrás, la pirámide
dedicada al pretor Cayo Cestio.
Muerte y literatura se alían
en un pacto de amantes despechados.
¿Dónde, dónde la vida?, me pregunto.
Y la respuesta es el epitafio
de un poeta que supo que la vida
es el agua del río que nos lleva.

ANTONIO MACHADO A ORILLAS DEL DUERO

«Mediaba el mes de julio, tras un hermoso día».

ANTONIO MACHADO

En un hermoso día de mediados de julio
caminaba el poeta, buscando lentamente
la sombra de las sombras. A ratos se paraba
enjugando su frente y dándose un respiro,
apoyada la diestra y el peso de su cuerpo,
echado hacia delante, en un bastón severo.
El olor de las hierbas embriagaba la tarde.
En los campos ardía el fuego del verano.
Resultaría fácil seguir con el poema
y rescatar al buitre de vuelo majestuoso
cruzando solitario el puro azul del cielo,
o decir que el poeta divisaba a lo lejos
un monte alto y agudo y cárdenos alcores;
o ponerme solemne, como él se ponía,
hablando de Castilla, dominadora y terca,
astuta y miserable; pero prefiero el verso
callado que susurra la canción del exilio
para evocar al hombre vencido y derrotado
que presiente su muerte en un país extraño
y que a pesar de ello es capaz de escribir
un verso que resume la trama de la vida:
estos días azules y este sol de la infancia.

ÍNDICE

III. PAISAJE CON FIGURAS

La trama de los días,
de RAMÓN BASCUÑANA,
x Premio de Poesía Juana Castro,
salió de la imprenta el
3 de abril de
2024